100 attentions

pour dire

Je t'aime

Introduction

Bienvenue dans ce livre dédié aux 100 petites attentions pour dire ˙Je t'aime˙.

À travers ces pages. j'ai voulu partager une vision simple mais profonde de l'amour. celle d'un sentiment qui s'écrit et se réécrit chaque jour. à travers des gestes quotidiens qui enrichissent et renforcent nos relations.

L'amour ne se limite pas à de grands gestes ou à des déclarations spectaculaires. mais se manifeste souvent dans les petites choses que nous faisons pour ceux que nous chérissons.

L'idée de ce livre m'est venue en observant la vie de tous les jours. en voyant à quel point les gestes simples peuvent avoir un impact immense sur ceux que nous aimons.

Nous vivons dans un monde où les distractions sont nombreuses et où le rythme effréné de la vie peut parfois nous faire oublier de nourrir nos relations les plus précieuses.

J'ai voulu créer un guide qui rappelle l'importance de ces moments d'attention et de tendresse.

Chaque petite attention présentée ici est une manière de dire ˙je t'aime˙ sans utiliser de mots. ou en les accompagnant d'actes qui montrent vraiment ce que nous ressentons.

Ce livre n'est pas seulement pour les couples. mais pour toutes les formes de relations où l'amour et l'affection jouent un rôle central.
Que vous soyez en couple. que vous souhaitiez renforcer votre amitié ou exprimer votre affection à un membre de votre famille. vous trouverez ici des idées inspirantes pour montrer à ceux que vous aimez à quel point ils comptent pour vous.

Bonne lecture

1

Préparer son petit-déjeuner préféré.

Préparer son petit-déjeuner préféré, c'est connaître ses goûts et lui concocter ses plats favoris, comme des crêpes ou des fruits frais. Mettez une jolie table avec sa vaisselle préférée, ajoutez du café, et terminez avec un petit mot doux. Une belle façon de dire "je t'aime" dès le matin.

2

Lui écrire une lettre d'amour.

Écrire une lettre d'amour, c'est prendre un moment pour lui dire ce que tu ressens vraiment. Prends du papier, sois sincère et raconte-lui pourquoi il/elle compte tant pour toi. Partage des souvenirs, des rêves, et surtout, dis-lui combien tu l'aimes. Simple, authentique, et touchant.

3

Laisser un mot doux sur l'oreiller.

Laisser un mot doux sur l'oreiller. c'est écrire un petit message sympa pour démarrer sa journée avec le sourire. Note un "je t'aime". un compliment. ou un souvenir drôle sur un bout de papier. et pose-le sur l'oreiller. Simple. rapide. et plein de tendresse.

4

Préparer un bain moussant.

Préparer un bain moussant, c'est créer un oasis de détente. Remplis la baignoire d'eau chaude, ajoute des bulles parfumées, allume des bougies, et peut-être même de la musique douce. C'est un geste simple pour lui offrir un moment de relaxation et de bien-être.

5

Organiser un pique-nique surprise

Organiser un pique-nique surprise, c'est emballer ses plats préférés, une couverture douce, et trouver un coin tranquille en plein air. Apportez des snacks, des boissons et profitez du moment ensemble. C'est une façon spontanée et charmante de partager du temps de qualité à l'extérieur.

6

Laisser un post-it avec
un message tendre sur le miroir

Laisser un post-it avec un message tendre sur le miroir. c'est écrire quelques mots doux comme "Tu es magnifique" ou "Je pense à toi". C'est une surprise simple mais affectueuse pour commencer sa journée avec un sourire.

7

Lui offrir des fleurs sans raison particulière

Lui offrir des fleurs sans raison particulière. c'est choisir un bouquet coloré qui lui plaît. le déposer avec un sourire complice. C'est une manière spontanée et charmante de lui montrer qu'elle est spéciale. sans occasion spécifique. juste par amour.

8

Faire un massage relaxant.

Faire un massage relaxant. c'est lui offrir un moment de détente totale. Utilise une huile parfumée. des mouvements doux. et concentre-toi sur les zones tendues. C'est un geste attentionné pour lui montrer ton affection et lui permettre de se sentir bien.

9

Préparer un dîner aux chandelles.

Préparer un dîner aux chandelles, c'est créer une ambiance romantique avec de bons plats et une lumière douce. Cuisiner ensemble ou surprendre avec ses mets préférés. C'est une soirée simple et élégante pour se connecter et savourer l'amour à table.

Recettes

Crevettes à l'Ail et au Gingembre

Ingrédients

500g de crevettes décortiquées
3 gousses d'ail émincées
1 morceau de gingembre frais (2-3 cm) râpé
2 cuillères à soupe de sauce soja
1 cuillère à soupe de miel
1 cuillère à soupe d'huile d'olive
Jus d'un citron vert
Coriandre fraîche pour la garniture

Instructions

Faites chauffer l'huile d'olive dans une poêle à feu moyen.

Ajoutez l'ail émincé et le gingembre râpé. et faites revenir pendant environ 2 minutes.

Ajoutez les crevettes et faites cuire jusqu'à ce qu'elles deviennent roses et opaques. environ 3-4 minutes.

Ajoutez la sauce soja. le miel et le jus de citron vert. Mélangez bien et laissez cuire encore 2 minutes.

Servez chaud. garni de coriandre fraîche.

Recettes

Salade d'Avocat et de Grenade

Ingrédients

2 avocats mûrs, coupés en dés
1 grenade, égrenée
1 concombre, coupé en dés
1 oignon rouge, finement émincé
2 cuillères à soupe de jus de citron
2 cuillères à soupe d'huile d'olive
Sel et poivre au goût
Quelques feuilles de menthe fraîche pour la garniture

Instructions

Dans un grand bol, mélangez les avocats, la grenade, le concombre et l'oignon rouge.

Dans un petit bol, mélangez le jus de citron, l'huile d'olive, le sel et le poivre.

Versez la vinaigrette sur la salade et mélangez délicatement.

Garnissez avec des feuilles de menthe fraîche et servez.

10

Offrir un cadeau fait à la main.

Offrir un cadeau fait main. c'est créer quelque chose de spécial avec amour. Pense à un album photo personnalisé. des bougies faites maison. ou un pot de confiture maison. C'est un geste unique qui montre l'effort et l'affection. parfait pour une surprise douce et authentique.

11

Envoyer un message d'amour en pleine journée.

Envoyer un message d'amour en pleine journée. c'est lui faire savoir qu'elle est dans mes pensées. Que ce soit un "je pense à toi" ou un compliment. ça égaye sa journée. C'est une façon simple et spontanée de lui rappeler à quel point elle compte pour moi.

12

Chanter sa chanson préférée.

Chanter sa chanson préférée, c'est créer un moment spécial ensemble. Peu importe si je suis doué ou pas, ça lui montre que je veux partager sa joie. C'est une manière décontractée et amusante de lui dire combien elle est importante pour moi.

13

Prendre le temps de l'écouter vraiment.

Prendre le temps de l'écouter vraiment, c'est se concentrer sur ses paroles et ses émotions sans se laisser distraire. C'est lui montrer qu'elle est ma priorité, que ses pensées et sentiments sont importants. C'est une façon simple mais significative de renforcer notre connexion.

14

Partager un souvenir heureux de votre relation.

Partager un souvenir heureux de notre relation. c'est revivre ensemble un moment spécial qui nous a fait rire ou ému. C'est se rappeler pourquoi nous sommes si proches et complices. C'est un instant léger et joyeux qui renforce nos liens et ravive nos souvenirs communs.

15

Organiser une soirée cinéma à la maison avec ses films préférés.

Organiser une soirée cinéma à la maison avec ses films préférés. c'est créer une ambiance confortable avec des couvertures douillettes et des snacks. On se détend ensemble, en riant et en partageant nos moments préférés du film. C'est une façon détendue et intime de passer du temps ensemble.

16

Préparer son dessert préféré.

Préparer son dessert préféré, c'est lui faire plaisir avec quelque chose de sucré qu'elle adore, comme un fondant au chocolat ou une tarte aux fruits. C'est une façon délicieuse de lui montrer combien je la connais et de créer un moment gourmand et complice.

17

Lui écrire un poème.

Lui écrire un poème. c'est exprimer mes sentiments avec des mots doux et sincères. Que ce soit drôle ou romantique. c'est une façon personnelle de lui montrer combien elle m'inspire. C'est un geste tendre et authentique pour capturer notre amour en vers.

18

Lui faire un compliment sincère.

Lui faire un compliment sincère, c'est remarquer quelque chose de spécial chez votre partenaire et le lui dire avec honnêteté. Que ce soit sur son sourire, son style ou sa gentillesse.
C'est un geste simple mais puissant.

19

Partir en week-end improvisé.

Partir en week-end improvisé, c'est décider spontanément de s'évader ensemble. Emballez quelques affaires, choisissez une destination excitante et partez à l'aventure. C'est une escapade sans planification qui apporte de l'excitation et des souvenirs inoubliables, renforçant notre complicité et notre spontanéité.

Destinations romantiques

---

1. Paris. France

Pourquoi y aller : Connue comme la "Ville de l'Amour". Paris offre une atmosphère romantique unique avec ses cafés charmants. ses promenades le long de la Seine et ses monuments emblématiques comme la Tour Eiffel et Montmartre.
Activités romantiques : Croisière sur la Seine. dîner dans un bistrot parisien. visite du Musée Rodin. promenade dans les jardins du Luxembourg.

2. Venise. Italie

Pourquoi y aller : Venise. avec ses canaux sinueux. ses gondoles et ses ponts charmants. est une destination idéale pour les amoureux.
Activités romantiques : Balade en gondole. visite de la place Saint-Marc. découverte des petites îles comme Murano et Burano. dîner dans un restaurant surplombant le Grand Canal.

3. Santorin. Grèce

Pourquoi y aller : Cette île grecque est célèbre pour ses couchers de soleil spectaculaires. ses maisons blanches aux toits bleus et ses vues imprenables sur la mer Égée.
Activités romantiques : Profiter des plages de sable noir. dîner en terrasse avec vue sur la caldeira. explorer les villages de Fira et Oia. faire une excursion en bateau autour de l'île.

20

Dessiner un cœur sur le miroir de la salle de bain.

Dessiner un cœur sur le miroir de la salle de bain. c'est un geste ludique et romantique pour commencer sa journée avec un sourire. C'est une manière simple mais affectueuse de lui rappeler combien elle est aimée chaque fois qu'elle se regarde dans le miroir.

Quel accessoire utiliser?
Crayon de maquillage. Feutre effaçable à sec.
Marqueur effaçable à l'eau. Crayon de cire

21

Lui préparer une playlist de chansons qui vous rappellent de bons moments.

Lui préparer une playlist de chansons qui nous rappellent des moments spéciaux, c'est choisir des titres qui nous ont marqués ensemble. C'est une façon joyeuse et musicale de revivre nos souvenirs et de créer une ambiance chaleureuse où chaque chanson raconte notre histoire d'amour.

22

Prendre en charge une corvée qu'il/elle déteste.

Prendre en charge une corvée qu'il/elle déteste, c'est alléger son fardeau en faisant quelque chose qu'il/elle évite. Que ce soit le ménage, les courses ou les papiers administratifs, c'est un geste d'amour pratique qui montre qu'on se soucie de son bien-être et de son bonheur.

23

Lui offrir un livre qu'il/elle souhaite lire.

Lui offrir un livre qu'il/elle souhaite lire. c'est un cadeau pensé qui montre qu'on se soucie de ses intérêts et passions. Que ce soit pour enrichir ses connaissances ou pour se perdre dans une bonne histoire. c'est une façon simple et agréable de lui faire plaisir.

24

Planifier une soirée à thème à la maison.

Planifier une soirée à thème à la maison, c'est créer une ambiance festive avec décoration et costumes assortis au thème. Que ce soit une soirée cinéma, années 80 ou pizza party, c'est une façon amusante et décontractée de partager des moments joyeux et mémorables ensemble.

25

L'aider à atteindre un de ses objectifs personnels.

Aider à atteindre un de ses objectifs personnels, c'est être là pour soutenir et encourager ses efforts. Que ce soit dans le sport, l'apprentissage d'une nouvelle compétence ou un projet personnel, c'est un acte bienveillant qui renforce la confiance et montre qu'on croit en elle/lui.

26

Lui envoyer une carte postale d'amour par la poste.

Lui envoyer une carte postale d'amour par la poste. c'est une surprise douce et nostalgique. Un petit geste pour lui dire combien elle compte. que ce soit avec une photo drôle ou un message tendre. C'est un rappel amusant de notre amour. même à distance.

27

Lui préparer une tasse de thé ou de café le matin.

Lui préparer une tasse de thé ou de café le matin. c'est un petit rituel attentionné pour commencer sa journée avec douceur. C'est choisir sa boisson préférée. l'aromatiser comme elle aime. et lui offrir un moment de réconfort simple mais significatif.

28

Faire une promenade main dans la main.

Faire une promenade main dans la main, c'est se balader tranquillement, profiter de la compagnie de l'autre et du paysage. C'est un moment simple et intime, rempli de discussions légères ou de silences confortables, qui renforce notre connexion et crée des souvenirs partagés.

29

Organiser une journée dédiée
à ses activités préférées.

Organiser une journée dédiée à ses activités préférées. c'est planifier des moments qui lui plaisent. comme aller au musée. faire du shopping. ou cuisiner ensemble. C'est passer du temps à faire ce qu'elle aime. lui montrer qu'on connaît et apprécie ses passions. et créer des souvenirs joyeux ensemble.

30

Lui offrir un cadre photo
avec une photo de vous deux.

Lui offrir un cadre photo avec une photo de nous deux. c'est choisir une image spéciale qui capture un beau moment ensemble. C'est un geste simple et sentimental qui rappelle notre complicité et les souvenirs partagés. Un petit objet pour égayer son espace avec notre amour.

31

Apprendre quelque chose de nouveau ensemble.

Apprendre quelque chose de nouveau ensemble. c'est choisir une activité qui nous intéresse tous les deux. comme cuisiner un plat. prendre un cours de danse ou essayer un nouveau sport. C'est s'amuser en explorant. se soutenir mutuellement. et créer des souvenirs partagés tout en développant de nouvelles compétences.

32

Écrire 10 raisons
pour lesquelles vous l'aimez et lui les donner.

Écrire 10 raisons pour lesquelles je l'aime et lui les donner, c'est lister sincèrement tout ce qui la rend spéciale à mes yeux. C'est une attention touchante et authentique, parfaite pour lui rappeler combien elle est aimée et appréciée. Un geste simple qui renforce notre lien avec tendresse.

33

Faire un album de souvenirs

Créer un album de souvenirs. c'est super simple et amusant ! Rassemblez vos photos préférées. tickets de concerts. et petits souvenirs. Collez-les dans un joli album avec des légendes et des dessins. Vous passerez un bon moment à revivre vos meilleurs souvenirs en mettant tout ça en forme !

34

Lui offrir un abonnement
à un magazine qu'il/elle aime.

Lui offrir un abonnement à un magazine qu'il/elle aime. c'est choisir une publication qui l'intéresse et la surprendre avec des lectures régulières. Que ce soit mode. voyage. ou technologie. c'est un cadeau pensé et attentionné qui lui montre qu'on connaît et soutient ses passions.

35

Lui préparer un repas surprise à son travail.

Lui préparer un repas surprise à son travail. c'est concocter ses plats préférés et les lui apporter pendant sa pause. C'est un geste attentionné qui égaye sa journée de boulot et montre que je pense à elle/lui. Une délicieuse surprise qui mêle amour et gourmandise.

36

L'accompagner dans une activité qu'il/elle aime, même si ce n'est pas votre truc.

L'accompagner dans une activité qu'il/elle aime, même si ce n'est pas mon truc, c'est montrer que je tiens à elle/lui en partageant ses passions. Que ce soit un match de foot, une expo d'art, ou un cours de yoga, c'est passer du temps ensemble et découvrir son monde avec enthousiasme.

37

Lui envoyer un message vocal d'amour.

Lui envoyer un message vocal d'amour, c'est enregistrer quelques mots doux pour lui rappeler combien je l'aime. C'est un geste spontané et personnel qui illumine sa journée, peu importe où elle/il se trouve. Entendre ma voix pleine de tendresse crée un moment intime et chaleureux.

38

Lui préparer un panier-repas pour le déjeuner.

Lui préparer un panier-repas pour le déjeuner. c'est choisir ses plats favoris avec soin et les emballer avec amour. Que ce soit un sandwich gourmet ou une salade fraîche. c'est un geste attentionné pour lui faciliter sa journée et lui montrer qu'on pense à elle/lui avec chaque bouchée.

39

Organiser une chasse au trésor
avec des souvenirs de votre relation.

Organiser une chasse au trésor avec des souvenirs de notre relation. c'est créer une aventure ludique et nostalgique. Cachons des indices dans des lieux spéciaux. comme notre premier rendez-vous ou nos vacances préférées. C'est une façon amusante et créative de revivre nos moments spéciaux tout en s'amusant ensemble.

40

Lui offrir une plante ou des fleurs en pot.

Lui offrir une plante ou des fleurs en pot. c'est choisir quelque chose de beau et vivant pour égayer son espace. Que ce soit une plante d'intérieur ou des fleurs colorées. c'est un cadeau naturel qui montre qu'on pense à elle/lui et qu'on souhaite embellir son quotidien avec un peu de verdure.

41

Créer un "bocal à rendez-vous" pour vos futures sorties

Créer un bocal à rendez-vous, c'est préparer ensemble une réserve d'idées pour vos moments à deux. Prenez un bocal en verre et remplissez-le de bâtonnets ou de petits papiers de différentes couleurs : une couleur pour les sorties gratuites (balades, musées), une pour les restos, et une pour les activités à la maison.

42

Partager un moment de méditation ou de yoga ensemble.

Partager un moment de méditation ou de yoga ensemble. c'est trouver la sérénité et la connexion. Que ce soit pour se détendre après une journée chargée ou pour commencer la journée du bon pied. c'est une pause bienvenue qui renforce notre bien-être et notre complicité.

43

Lui préparer un bain de pieds relaxant.

Lui préparer un bain de pieds relaxant, c'est remplir une bassine d'eau chaude avec des sels parfumés, et masser doucement ses pieds fatigués. C'est un geste simple et apaisant pour lui permettre de se détendre et de sentir aimé(e), sans effort mais avec beaucoup d'attention.

44

Lui organiser une séance photo en couple.

Organiser une séance photo en couple, c'est capturer nos moments complices et notre amour à travers l'objectif. Que ce soit dans un cadre naturel ou urbain, c'est un moment amusant et créatif pour immortaliser notre complicité et créer des souvenirs photographiques qui dureront pour toujours.

45

Partager une session de cuisine ensemble.

Partager une session de cuisine avec un chef. c'est une expérience excitante où l'on apprend de nouvelles techniques et astuces culinaires ensemble. C'est rire des erreurs et savourer le plaisir de créer un repas gourmet. Une façon amusante et décontractée d'explorer notre passion commune pour la gastronomie.

46

Créer un pot à souhaits

Créer un pot à souhaits, c'est trop cool ! Prenez un joli pot, et remplissez-le de petits papiers sur lesquels vous notez des souhaits, des rêves ou des surprises à réaliser ensemble. À chaque fois que vous avez besoin d'un peu de magie, tirez un papier et faites un vœu !

47

Lui préparer un smoothie ou un jus frais.

Lui préparer un smoothie ou un jus frais, c'est mélanger ses fruits préférés avec des ingrédients sains. C'est un geste rafraîchissant pour démarrer sa journée ou lui offrir une pause vitaminée. C'est aussi une façon délicieuse et simple de prendre soin de sa santé et de son bien-être.

48

Lui offrir un massage des pieds.

Lui offrir un massage des pieds, c'est prendre soin d'elle/lui avec tendresse et détente. C'est utiliser de l'huile parfumée et des mouvements doux pour apaiser les tensions et lui offrir un moment de relaxation totale. C'est un geste simple mais profondément attentionné pour lui montrer combien je tiens à elle/lui.

49

Écrire des petits mots doux
et les cacher un peu partout dans la maison.

Écrire des petits mots doux et les cacher un peu partout dans la maison. c'est semer des surprises affectueuses à découvrir au fil de la journée. Que ce soit dans ses affaires. sur le frigo ou sous son oreiller. c'est créer des moments tendres et ludiques qui lui rappellent mon amour à chaque coin.

50

Lui préparer un cocktail spécial.

Lui préparer un cocktail spécial. c'est mélanger ses saveurs favorites avec créativité. C'est un geste pour surprendre et célébrer ensemble. qu'on soit dans le salon ou sur la terrasse. C'est un moment détendu et festif pour trinquer à notre complicité et à nos souvenirs partagés.

Lui préparer un cocktail spécial.

French 75

45 ml de gin
15 ml de jus de citron frais
15 ml de sirop de sucre (simple syrup)
Champagne ou vin mousseux
Zeste de citron pour la garniture
Instructions :

Dans un shaker rempli de glace. ajoutez le gin. le jus de citron et le sirop de sucre.
Secouez bien pendant environ 10 secondes.
Filtrez le mélange dans une flûte à champagne.
Complétez avec du champagne ou du vin mousseux.
Garnissez avec un zeste de citron.

Love Potion

60 ml de vodka
30 ml de liqueur de framboise (comme Chambord)
30 ml de jus de grenade
15 ml de jus de citron frais
Glaçons
Framboises fraiches pour la garniture
Sucre pour givrer le verre (optionnel)
Instructions :

Si vous souhaitez givrer le verre. trempez le bord dans du jus de citron puis dans du sucre.
Dans un shaker rempli de glace. ajoutez la vodka. la liqueur de framboise. le jus de grenade et le jus de citron.
Secouez bien pendant environ 10 secondes.
Filtrez le mélange dans un verre à martini ou un verre à cocktail.
Garnissez avec des framboises fraiches.

51

Prendre une journée de congé ensemble pour profiter l'un de l'autre.

Prendre une journée de congé ensemble, c'est décider de mettre le monde sur "pause" pour se retrouver hors du temps et du quotidien. Que vous choisissiez de rester en pyjama toute la matinée, de partir explorer un endroit inconnu ou simplement de discuter sans regarder l'heure, c'est un luxe rare que vous vous offrez mutuellement.

52

Lui organiser une soirée karaoké à la maison.

Organiser une soirée karaoké à la maison. c'est créer une ambiance amusante et décontractée avec des amis ou en tête-à-tête. Choisir ses chansons préférées. rire ensemble des performances et chanter avec passion. C'est une soirée mémorable où la musique et la joie règnent. renforçant nos liens par le rire et la complicité.

53

Lui offrir un bijou avec une inscription spéciale.

Lui offrir un bijou avec une inscription spéciale, c'est choisir un cadeau étincelant qui porte un message personnel. Que ce soit un bracelet gravé ou un pendentif unique, c'est un geste tendre et élégant pour lui rappeler notre amour de façon discrète mais significative.

54

Lui écrire un mot d'amour
sur la buée du miroir après la douche.

Écrire un mot d'amour sur la buée du miroir après la douche, c'est un geste ludique et romantique pour la surprendre. C'est créer un instant fugace mais doux qui lui rappelle notre affection chaque matin. Une manière simple et amusante de lui dire combien elle compte pour moi.

55

Lui lire un livre à voix haute.

Lui lire un livre à voix haute, c'est partager une histoire ensemble, que ce soit au lit ou sur le canapé. C'est créer un moment intime où nos voix remplissent l'espace avec les aventures des personnages. C'est une façon douce et intime de se connecter à travers les mots.

56

Préparer une surprise dans son agenda
(un rendez-vous romantique).

Préparer une surprise dans son agenda. comme un rendez-vous romantique. c'est organiser discrètement un moment spécial qui lui fera plaisir. Que ce soit un dîner aux chandelles. une sortie surprise ou une journée d'activités qu'elle aime. c'est une façon subtile mais attentionnée de lui montrer combien je tiens à elle.

57

Lui faire un petit-déjeuner au lit.

Lui faire un petit-déjeuner au lit. c'est préparer ses mets préférés avec soin et les servir avec un sourire chaleureux. C'est un geste doux et attentionné pour commencer sa journée avec confort et affection. lui montrant qu'elle est spéciale et aimée dès le matin.

58

L'accompagner dans un de ses projets personnels.

L'accompagner dans un de ses projets personnels, c'est offrir mon soutien et partager ses efforts avec enthousiasme. Que ce soit en peinture, en jardinage ou en écriture, c'est une manière décontractée mais significative de renforcer notre connexion en partageant ses passions et en la/le soutenant dans ses aspirations.

59

Lui préparer une boîte à souvenirs

Préparer une boîte à souvenirs, c'est comme créer un coffre aux trésors personnalisé ! Choisissez une belle boîte et remplissez-la de petits objets, photos, et notes qui évoquent vos moments spéciaux ensemble. C'est une manière simple et touchante de garder vos meilleurs souvenirs bien en vue et à portée de main.

60

Créer un calendrier de l'avent personnalisé

Créer un calendrier de l'avent personnalisé. c'est super fun ! Prenez une boîte ou des enveloppes et remplissez-les de petites surprises comme des chocolats. des messages doux ou des mini-cadeaux. Chaque jour. ouvrez une nouvelle case pour découvrir une petite joie qui rendra le mois encore plus spécial.

61

Planifier une activité sportive en duo

Planifier une activité sportive en duo, c'est une façon géniale de se connecter et de s'amuser ensemble. Que ce soit une randonnée, du vélo ou un cours de yoga, choisissez une activité que vous aimez tous les deux. C'est l'occasion parfaite de se dépenser, de rigoler et de renforcer votre complicité.

Top activités en duo

Faire une séance de fitness à domicile

Créez un circuit d'exercices que vous pouvez faire ensemble chez vous. Choisissez des exercices simples comme des squats. des pompes et des abdos. et faites-le en musique pour rendre la séance plus dynamique et amusante.

Faire du vélo ensemble

Planifiez une sortie en vélo à travers des chemins pittoresques ou le long de la plage. Apportez un pique-nique pour une pause gourmande en cours de route.

Partir en randonnée

Choisissez un sentier de randonnée avec de belles vues et partez à l'aventure. N'oubliez pas d'apporter de l'eau et des snacks pour profiter d'un moment de détente en pleine nature.

Jouer à des jeux sportifs en extérieur

Organisez une compétition amicale de jeux comme le badminton. le frisbee ou le volley-ball dans un parc. C'est une manière ludique et active de passer du temps ensemble tout en se défiant dans une ambiance décontractée.

62

Lui offrir un massage des épaules
après une longue journée.

Lui offrir un massage des épaules après une longue journée, c'est prendre soin d'elle/lui avec douceur et compassion. C'est soulager les tensions musculaires et apaiser le stress accumulé, créant un moment intime et relaxant pour lui montrer combien je me soucie de son bien-être.

63

Organiser une soirée jeux de société à deux.

Organiser une soirée jeux de société à deux. c'est choisir des jeux amusants comme Scrabble. Uno ou Monopoly. C'est rire ensemble des stratégies et compétitions amicales. tout en passant du temps de qualité. Une soirée détendue et ludique pour renforcer notre complicité à travers le jeu et la bonne humeur.

64

Lui offrir un petit cadeau sans raison.

Lui offrir un petit cadeau sans raison, c'est choisir quelque chose de simple mais significatif, comme un livre, une bougie parfumée ou un bijou fantaisie. C'est une surprise spontanée pour lui montrer que je pense à elle/lui et que je tiens à rendre sa journée un peu plus joyeuse.

65

Lui préparer un plat de son enfance.

Lui préparer un plat de son enfance. c'est recréer une recette qui lui rappelle des souvenirs doux et nostalgiques. Que ce soit un gâteau familial ou un plat réconfortant. c'est une manière chaleureuse et attentionnée de lui montrer que je connais et respecte son passé. tout en partageant un moment savoureux.

66

Écrire une liste
de vos souvenirs préférés ensemble.

Écrire une liste de nos souvenirs préférés ensemble, c'est se remémorer les moments spéciaux que nous avons partagés. Que ce soit des vacances, des fous rires ou des soirées romantiques, c'est une façon douce et décontractée de revivre nos meilleures aventures et de renforcer notre connexion à travers les souvenirs.

67

Planifier une nuit à la belle étoile

Planifier une nuit à la belle étoile. c'est se préparer pour un moment magique. Choisissez une soirée dégagée. déployez des couvertures et des coussins. et profitez du ciel nocturne. Apportez des snacks. une lampe de poche et détendez-vous ensemble sous les étoiles pour une nuit pleine de charme et de détente.

68

Lui organiser une séance de cinéma en plein air.

Lui organiser une séance de cinéma en plein air, c'est installer un projecteur et des couvertures dans le jardin ou sur la terrasse. Choisir son film préféré, préparer du popcorn, et se blottir ensemble sous les étoiles. Une soirée magique et relaxante pour profiter d'un moment unique et romantique.

69

Lui offrir un porte-clés
avec une photo de vous deux.

Lui offrir un porte-clés avec une photo de nous deux. c'est lui donner un petit rappel quotidien de notre amour. Un accessoire simple et pratique. toujours à portée de main. qui apporte un sourire chaque fois qu'elle/il le voit. Un geste tendre pour garder notre complicité proche.

70

Lui faire une surprise en réaménageant un coin de la maison.

Lui faire une surprise en réaménageant un coin de la maison, c'est transformer un espace avec soin et créativité. Que ce soit un coin lecture cosy ou un bureau organisé, c'est une attention spéciale qui montre que je pense à son confort et ses besoins. Une manière douce et pratique de lui faire plaisir.

71

Lui offrir un cadre avec une citation qui lui tient à cœur.

Lui offrir un cadre avec une citation qui lui tient à cœur. c'est choisir des mots qui résonnent profondément pour elle/lui. Un joli cadre pour les mettre en valeur et les accrocher dans un endroit spécial. Un geste simple et attentionné qui apporte inspiration et réconfort au quotidien.

72

Faire une activité artistique ensemble
(peinture, poterie, etc.).

Faire une activité artistique ensemble, comme la peinture ou la poterie, c'est laisser libre cours à notre créativité tout en passant un moment amusant. C'est rire des résultats, se soutenir dans nos essais, et créer des souvenirs uniques. Une façon décontractée de renforcer notre complicité tout en s'exprimant artistiquement.

73

Lui offrir une journée de détente dans un spa.

Lui offrir une journée de détente dans un spa. c'est lui permettre de se relaxer complètement avec des massages. des bains à remous et des soins apaisants. C'est une parenthèse de bien-être pour se ressourcer ensemble ou en solo. loin du stress quotidien. Un geste attentionné pour prendre soin de son corps et de son esprit.

74

Lui écrire un SMS d'amour tous les jours pendant une semaine.

Lui écrire un SMS d'amour tous les jours pendant une semaine, c'est envoyer des mots doux et sincères pour illuminer sa journée. Chaque message, un rappel de mes sentiments, qu'il soit court et mignon ou long et poétique. Un geste simple et constant pour montrer que je pense toujours à elle/lui.

75

Lui préparer une boisson chaude avant de dormir.

Lui préparer une boisson chaude avant de dormir, c'est lui offrir un moment de confort et de douceur. Que ce soit un thé apaisant, un chocolat chaud ou une tisane relaxante, c'est un geste simple et attentionné pour l'aider à se détendre et à passer une bonne nuit.

76

Lui offrir un album photo
de vos souvenirs ensemble.

Lui offrir un album photo de nos souvenirs ensemble. c'est créer un recueil de moments spéciaux et de sourires partagés. C'est un cadeau personnel et émouvant qui capture notre histoire à travers des images. rappelant joyeusement nos aventures et renforçant nos liens affectifs de manière décontractée mais significative.

77

Lui organiser une sortie surprise.

Lui organiser une sortie surprise, c'est planifier une aventure spontanée qui lui fera plaisir. Que ce soit un pique-nique improvisé, une visite à un endroit qu'elle aime, ou une activité inattendue, c'est une manière excitante et décontractée de créer des souvenirs spéciaux et de lui montrer combien je tiens à elle.

78

L'accompagner dans ses courses
ou activités quotidiennes.

L'accompagner dans ses courses ou activités
quotidiennes. c'est partager son quotidien
avec enthousiasme et soutien. Que ce soit
faire les courses ensemble. promener le chien
ou accomplir des tâches ménagères. c'est
renforcer notre complicité en partageant les
petits moments de la vie quotidienne de
manière détendue et affectueuse.

79

Lui faire un collage de photos et souvenirs.

Lui faire un collage de photos et souvenirs. c'est assembler de manière créative des moments précieux partagés. C'est un projet amusant et significatif où chaque image capture nos moments forts et nos aventures. Un geste décontracté mais profond qui reflète notre histoire et renforce nos liens affectifs.

80

Lui offrir un bracelet ou une bague avec vos initiales.

Lui offrir un bracelet ou une bague avec nos initiales. c'est un geste romantique et discret pour symboliser notre lien spécial. C'est un accessoire élégant qu'elle/il peut porter tous les jours. rappelant notre complicité d'une manière délicate mais significative. renforçant notre connexion de manière subtile et décontractée.

81

Lui préparer un dîner à thème
(italien. japonais. etc.).

Lui préparer un dîner à thème (italien. japonais. etc.). c'est créer une expérience culinaire spéciale à la maison. C'est cuisiner ensemble ou surprendre avec ses plats préférés. décorer l'ambiance et savourer un repas délicieux. Une soirée décontractée et immersive pour explorer de nouvelles saveurs et partager un moment intime.

cf. p.XXX recette aphro

82

Lui offrir un parfum qu'il/elle aime.

Lui offrir un parfum qu'il/elle aime, c'est choisir une fragrance qui lui correspond et la surprendre agréablement. C'est un geste délicat pour lui faire plaisir et lui rappeler que je connais ses goûts. Une manière simple et attentionnée de lui montrer combien je tiens à elle/lui.

83

Lui écrire une lettre pour chaque mois de l'année.

Lui écrire une lettre pour chaque mois de l'année. c'est créer une série de messages sincères et personnels. C'est partager nos pensées. nos sentiments et nos projets pour chaque saison. Une manière décontractée mais profonde de cultiver notre relation et de célébrer chaque moment de l'année ensemble.

84

L'emmener à l'endroit
où vous vous êtes rencontrés.

L'emmener à l'endroit où nous nous sommes rencontrés, c'est revivre ensemble le lieu où notre histoire a commencé. C'est se rappeler les premiers instants, partager des anecdotes amusantes et se reconnecter avec les souvenirs affectueux. Une escapade décontractée pour raviver la magie des débuts de notre relation.

85

Lui offrir un carnet rempli de souvenirs et de photos.

Lui offrir un carnet rempli de souvenirs et de photos. c'est créer un recueil personnel de notre histoire ensemble. C'est un cadeau affectueux et nostalgique. où chaque page raconte nos aventures et moments spéciaux. Une manière décontractée mais significative de lui montrer à quel point notre relation compte pour moi.

86

Préparer un dessert ensemble.

Préparer un dessert ensemble, c'est s'amuser en cuisine tout en créant quelque chose de délicieux à déguster. C'est partager des rires, se salir les mains avec la farine, et savourer le résultat sucré de notre collaboration. Une activité décontractée qui renforce notre complicité à travers le plaisir gustatif.

87

Lui offrir un abonnement à une box surprise (livres. thés. etc.).

Lui offrir un abonnement à une box surprise. c'est lui procurer une joie mensuelle avec des cadeaux personnalisés. C'est une manière amusante et décontractée de la surprendre régulièrement avec des produits qu'elle aime. renforçant notre complicité par des attentions régulières et variées.

88

Partir en randonnée
ou faire une activité en plein air ensemble.

Partir en randonnée ou faire une activité en plein air ensemble, c'est explorer la nature et partager des moments de découverte et de détente. C'est respirer l'air frais, admirer les paysages, et renforcer notre complicité à travers des discussions légères et des aventures spontanées en plein air.

89

Lui préparer un plat exotique qu'il/elle n'a jamais goûté.

Lui préparer un plat exotique qu'il/elle n'a jamais goûté, c'est une expérience culinaire surprenante et amusante. C'est explorer de nouvelles saveurs ensemble, rire des essais culinaires, et créer un souvenir mémorable autour de la table. Une manière décontractée et délicieuse de partager une aventure gustative ensemble.

90

Lui offrir une étoile à son nom.

Lui offrir une étoile à son nom. c'est un geste symbolique et romantique pour marquer notre lien spécial. C'est créer une connexion céleste et unique. même si symbolique. qui lui rappelle notre amour à chaque fois qu'elle regarde le ciel. Un cadeau décontracté mais plein de significations profondes.

91

Faire une soirée lecture ensemble.

Faire une soirée lecture ensemble, c'est choisir nos livres préférés, se blottir sous des couvertures confortables et partager des moments calmes et enrichissants. C'est discuter des histoires, échanger des recommandations et profiter de la compagnie de l'autre dans une ambiance détendue et intime.

92

Lui préparer un petit-déjeuner à emporter.

Lui préparer un petit-déjeuner à emporter, c'est anticiper sa journée avec une attention matinale douce et pratique. C'est préparer ses mets préférés ou des surprises gourmandes dans un sac pratique. Un geste décontracté qui commence sa journée avec un sourire et notre amour.

93

Lui offrir une peluche avec un message d'amour.

Lui offrir une peluche avec un message d'amour. c'est un geste tendre et ludique pour lui rappeler mon affection. C'est choisir un compagnon doux et câlin avec un message personnalisé. créant ainsi un souvenir affectueux et réconfortant dans une atmosphère détendue et joyeuse.

94

Lui organiser une journée spa à la maison.

Lui organiser une journée spa à la maison. c'est créer une oasis de détente avec des massages. des soins de beauté et des bains relaxants. C'est prendre soin de son bien-être dans l'intimité de notre foyer. avec des bougies. de la musique douce et une atmosphère apaisante.

95

Lui écrire un mot doux sur un ballon
et le laisser flotter dans la maison.

Lui écrire un mot doux sur un ballon et le
laisser flotter dans la maison. c'est créer une
surprise légère et joyeuse. C'est apporter une
touche ludique à notre quotidien. où chaque
regard sur le ballon rappelle notre affection de
manière décontractée et spontanée.

96

Lui préparer un thé glacé
ou une limonade maison en été.

Lui préparer un thé glacé ou une limonade maison en été, c'est rafraîchir nos journées avec une boisson faite maison et délicieusement rafraîchissante. C'est partager un moment de détente sous le soleil, discuter sans contraintes et savourer ensemble une pause désaltérante et revigorante.

97

Lui donner un câlin par surprise

Lui donner un câlin par surprise, c'est envelopper tendrement dans nos bras sans prévenir. C'est un geste spontané et chaleureux qui exprime l'affection et réconforte instantanément. Une démonstration simple et décontractée d'amour et de soutien, renforçant la connexion intime entre nous.

98

Partager une soirée sous les étoiles

Partager une soirée sous les étoiles, c'est s'allonger ensemble, observer le ciel scintillant et se perdre dans des conversations légères. C'est créer des souvenirs simples mais magiques, loin du tumulte quotidien, dans une ambiance détendue où l'amour se célèbre sous la voûte céleste.

99

Lui offrir une couverture douillette pour l'hiver

Lui offrir une couverture douillette pour l'hiver, c'est préparer un cocon de chaleur et de confort. C'est un geste attentionné pour lui permettre de se blottir et se sentir protégé contre le froid. Une manière décontractée mais affectueuse de prendre soin d'elle/lui durant les mois froids.

100

Lui dire "je t'aime" tous les jours avec sincérité.

Lui dire "je t'aime" tous les jours avec sincérité. c'est créer une habitude réconfortante et rassurante. C'est exprimer mes sentiments de manière naturelle et spontanée. que ce soit au réveil. avant de se coucher ou à tout moment de la journée. C'est un rappel constant de notre affection et de notre connexion profonde. renforçant notre lien affectif au quotidien. Cette simplicité et cette authenticité rendent chaque "je t'aime" spécial et précieux. nourrissant notre relation dans une atmosphère détendue et pleine d'amour.

En fin de compte. ce livre est une célébration de la beauté des relations humaines et de la richesse des émotions partagées.

Il nous enseigne que dans un monde souvent agité. les petites attentions sont comme des rayons de soleil qui illuminent notre quotidien et nourrissent notre amour.

Que chaque lecteur trouve ici l'inspiration pour exprimer son amour de manière authentique et délicate. chaque jour et à chaque instant.

'La vie sans amour. c'est comme un jardin sans soleil. lorsque les fleurs sont mortes.'

Oscar Wilde

Dans ce livre délicatement tissé autour des 100 petites attentions pour dire "je t'aime". chaque geste raconte une histoire d'amour en nuances subtiles mais puissantes.

Des gestes simples comme préparer un petit-déjeuner favori. écrire une lettre douce. offrir un câlin sincère. jusqu'aux moments plus significatifs comme planifier une escapade surprise ou partager une soirée sous les étoiles. chaque page révèle l'essence de l'amour véritable.

À travers ces actes tendres et spontanés. l'auteur célèbre l'idée que l'amour se nourrit au quotidien. dans les moments ordinaires autant que dans les grandes occasions.

Chaque attention. qu'elle soit planifiée ou impromptue. est une affirmation de l'importance de l'autre dans nos vies.

Votre avis compte énormément !

Votre soutien est ma plus belle récompense. Si ce livre vous a inspiré ou a fait sourire votre partenaire, pourriez-vous prendre 30 secondes pour laisser un commentaire sur Amazon ?

Rejoignez la communauté sur TikTok ! L'aventure ne s'arrête pas ici. Pour voir ces attentions en images, découvrir de nouvelles idées bonus et partager vos propres expériences :

Suivez-moi sur TikTok : @100attentionsjetaime

"L'amour ne se limite pas aux grands gestes, il se manifeste chaque jour dans les petites choses."

9 798334 050921